AF599554

Mis emociones
FELIZ

Un libro de Las Raíces de Crabtree

AMY CULLIFORD
Traducción de Pablo de la Vega

Apoyos de la escuela a los hogares para cuidadores y maestros

Este libro ayuda a los niños en su desarrollo al permitirles practicar la lectura. Abajo están algunas preguntas guía para ayudar al lector a fortalecer sus habilidades de comprensión. En rojo hay algunas opciones de respuesta.

Antes de leer:

- ¿De qué pienso que trata este libro?
  - *Este libro es sobre el sentimiento de felicidad.*
  - *Este libro es sobre cómo se ve alguien que está feliz.*
- ¿Qué quiero aprender sobre este tema?
  - *Quiero aprender qué me hace sentir feliz.*
  - *Quiero aprender cómo se ve una persona feliz.*

Durante la lectura:

- Me pregunto por qué...
  - *Me pregunto por qué sonreímos cuando estamos felices.*
  - *Me pregunto por qué brincamos cuando estamos felices.*
- ¿Qué he aprendido hasta ahora?
  - *Aprendí que jugar me hace sentir feliz.*
  - *Aprendí que la gente ríe cuando está feliz.*

Después de leer:

- ¿Qué detalles aprendí de este tema?
  - *Aprendí que hay muchas cosas que hacen que la gente se sienta feliz.*
  - *Aprendí que la felicidad puede verse de muchas maneras.*
- Lee el libro una vez más y busca las palabras del vocabulario.
  - *Veo la palabra **abrazos** en la página 4 y la palabra **amigos** en la página 8. Las demás palabras del vocabulario están en la página 14.*

¿Qué hace que me sienta **feliz**?

Los **abrazos**
me hacen feliz.

Sonrío cuando estoy feliz.

Jugar con mis **amigos** me hace feliz.

Río cuando
estoy feliz.

Ayudar a los demás
me hace feliz.

Brinco cuando estoy feliz.

¿Qué te hace feliz?

Lista de palabras

Palabras de uso común

a
con
cuando
estoy
hace
los
me
mis
que
qué

Palabras para conocer

abrazos

amigos

feliz

río

sonrío

41 palabras

¿Qué hace que me
siente **feliz**?

Los **abrazos** me hacen feliz.

Sonrío cuando estoy feliz.

Jugar con mis **amigos**
me hace feliz.

Río cuando estoy feliz.

Ayudar a los demás me
hace feliz.

Brinco cuando estoy feliz.

¿Qué te hace feliz?

Mis emociones

FELIZ

Written by: Amy Culliford
Designed by: Rhea Wallace
Series Development: James Earley
Proofreader: Ellen Rodger
Educational Consultant:
Marie Lemke M.Ed.
Translation to Spanish:
Pablo de la Vega
Spanish-language lay-out and proofread: Base Tres
Print and production coordinator:
Katherine Berti

Photographs:
Shutterstock: Juan Pablo Gonzaález: cover; Sergey Novikov: p. 1; Ami Parikh: p. 3, 14; pixelheadphoto: p. 5, 14; wavebreakmedia: p. 7, 14; ESBProfessional: p. 8, 14; TinnaPong: p. 9, 14; Africa Studio: p. 11; Monkey Business Images: p. 12; alexei_tm: p. 13

Library and Archives Canada Cataloguing in Publication

Title: Feliz / Amy Culliford.
Other titles: Happy. Spanish
Names: Culliford, Amy, 1992- author. | Vega, Pablo de la, translator.
Description: Series statement: Mis emociones | Translation of: Happy. | Translation to Spanish: Pablo de la Vega. | "Un libro de las raíces de Crabtree". | Text in Spanish.
Identifiers: Canadiana (print) 20210208074 | Canadiana (ebook) 20210208082 | ISBN 9781427140012 (hardcover) | ISBN 9781427140074 (softcover) | ISBN 9781427139894 (HTML) | ISBN 9781427139955 (EPUB) | ISBN 9781427140135 (read-along ebook)
Subjects: LCSH: Happiness in children—Juvenile literature. | LCSH: Happiness—Juvenile literature.
Classification: LCC BF723.H37 C8518 2022 | DDC j152.4/2—dc23

Library of Congress Cataloging-in-Publication Data

Available at the Library of Congress

Crabtree Publishing Company
www.crabtreebooks.com 1-800-387-7650

Printed in the U.S.A./062021/CG20210401

 In Canada: We acknowledge the financial support of the Government of Canada through the Canada Book Fund for our publishing activities.

Published in the United States
Crabtree Publishing
347 Fifth Avenue, Suite 1402-145
New York, NY, 10016

Published in Canada
Crabtree Publishing
616 Welland Ave.
St. Catharines, Ontario L2M 5V6